Me llamo Yago Ayala

A María, genio creativo

Santiago Roca Marín

Créditos

Equipo editorial: enClave-ELE
Corrección: Cristina Herrero y Sacha Martín
Diseño y puesta en página: Paco Martín
Cubierta: Paco Martín
Ilustraciones: Conrado Giusti
Ilustración portada: Conrado Giusti
Fotografía portada: Paco Martín
© enClave-ELE, 2014

ISBN: 978-84-15299-06-6
Depósito legal: M-6143-2014
Impreso en España por Gráficas de Diego
Printed in Spain

Cualquier forma de reproducción, distribución, comunicación pública o transformación de esta obra solo puede ser realizada con la autorización de sus titulares, salvo excepción prevista por la ley. Diríjase a CEDRO (Centro Español de Derechos Reprográficos, http://www.cedro.org) si necesita fotocopiar o escanear algún fragmento de esta obra.

Índice

Yago

Capítulo 1	7
Capítulo 2	15
Capítulo 3	19
Capítulo 4	25
Capítulo 5	33
Capítulo 6	37
Capítulo 7	45
Capítulo 8	51
Actividades	59
Preparación a la lectura	59
Sobre la lectura	60
Para después de la lectura	63
Soluciones	64

¡Hola!

Soy Santiago Roca, el "padre" de Yago.

Nací en Murcia, una ciudad llena de luz y color, y siempre me ha gustado escribir, inventar otros mundos, recrearlos en mis novelas. Me gusta mucho el deporte, la fotografía, la pintura y especialmente la escritura; pero, sobre todo, me encanta disfrutar del mar y del sol del Mediterráneo...

Me gustan los idiomas, por eso estudié Filología en la Universidad de Murcia y luego viví en Francia y Alemania. Ahora soy profesor en la Universidad y en un instituto de secundaria en Alicante, junto al Mediterráneo. También doy clases a profesores de español para extranjeros y, además de escribir novelas, también soy autor de manuales de español para extranjeros.

Yago y yo estamos muy contentos de que nos acompañes en esta aventura y esperamos que la disfrutes.

Santiago

Yago. Ni Jacob, ni Santiago, ni Santi, ni Tiago, solo Yago. Sí, a veces me llaman con los otros nombres, pero a mí me gusta Yago. En el colegio, el profesor me llamaba por mi apellido: "Ayala, ¿has hecho los deberes?". A mí me gusta mi apellido, pero no me gusta utilizar el apellido como nombre.

En España, todos tenemos dos apellidos. Primero, el apellido del padre, y segundo, el de la madre. Pero yo utilizo únicamente el de mi madre. ¿Por qué? Bueno, es una historia larga. La cuento en otro momento, ¿vale?

¿Cómo soy? Alto y guapo. No, no; es una broma. Soy alto y delgado, mis ojos son oscuros y mi cabello es un poco largo, liso y fino, de color castaño o rubio en verano, y oscuro en invierno. Mi cara es un poco redonda, pero no soy guapo. Bueno, realmente no soy una belleza, pero tampoco soy feo.

Hago deporte. Me gusta correr. Me gusta nadar. Normalmente corro por la noche en verano y también me gusta correr cuando llueve. Me gusta sentir el agua de la lluvia en mi cuerpo, pero me gusta cuando cae tranquila.

También voy al gimnasio. Mi trabajo es estresante[1] y el deporte quita el estrés. Me siento libre, ligero después de una carrera. Ando más rápido, el cuerpo pesa menos y la mente[2] piensa más rápido. Necesito movimiento para pensar. No puedo estar quieto[3].

---

1. estresante: que provoca estrés, tensión.
2. mente *f.*: pensamiento.
3. quieto: sin movimiento.

Los dedos de mis manos son delgados y largos, y siempre juego con ellos. Mis manos siempre juegan con un objeto, nunca están quietas. Con mis piernas, pasa igual, siempre las estoy moviendo, sobre todo los pies. Mis piernas son largas y delgadas y las cruzo[4] con frecuencia.

¿Qué soy? No es fácil contestar; hago muchas cosas. Me gusta la fotografía y soy bueno, pero no soy fotógrafo. Me gusta el periodismo y escribo bien, pero no soy periodista. Me gusta investigar[5] cosas, pero no soy policía. Realmente soy muchas cosas a la vez, no solo una. A la gente le gusta siempre poner una etiqueta; le gusta decir que eres periodista, fotógrafo, etc., pero no es así.

¿Solo porque hago una fotografía soy fotógrafo? La respuesta es: no. Pero me gusta hacer fotos. Es mi gran pasión: mirar, a través de mi cámara, la realidad en un instante y ver la expresión de una cara, el gesto de una mano, una sonrisa. La vida es imagen en movimiento, y la fotografía es una imagen en un momento de la vida.

También me gusta escribir, dibujar con letras la realidad. Miro una imagen y la describo con palabras. No es una foto. Mi mente transforma[6] la realidad. Tu mente también, es importante no olvidarlo. Ahora no puedes entender por qué, pero después de leer esta historia, lo entenderás.

---

4. cruzar las piernas: poner una pierna sobre la otra.
5. investigar: estudiar una situación para obtener información sobre una persona o una cosa.
6. transformar: cambiar.

1

Todo comenzó hace unos años. Estudiaba fotografía en la facultad de Bellas Artes de una pequeña ciudad junto al mar Mediterráneo. No era mi ciudad, pero elegí esta facultad porque estaba junto al mar.

La luz de la costa mediterránea es muy bonita, muy clara y luminosa. Cuando naces junto a este mar es difícil separarte de él. Los mediterráneos somos siempre mediterráneos. Nos gusta el sol, la luz, pero también amamos la sombra, el fresco[7]. También nos gusta la lluvia, pero odiamos los días nublados. Un día nublado sin lluvia es un día triste. La luz es vida para nosotros y sin luz morimos de tristeza.

Pero la vida es complicada a veces. Cuando ya tenía un grupo de amigos en la facultad, mi profesor de fotografía me dijo que tenía un colega en Francia, un excelente artista de la fotografía. Yo no entendía nada, no quería irme, estaba bien allí. Tenía mi grupo de amigos, ganaba

---
7. el fresco: frío agradable.

dinero con pequeños trabajos y era muy feliz. Pero, sobre todo, estaba mi madre. Hablé con mi profesor y le expliqué por qué no podía irme, pero él no me escuchó:

—No, no puedo irme ahora —le dije—, aquí también aprendo mucho.

—Ya —contestó—, pero es que en París se inventó la fotografía.

—Sí, sí, lo sé.

—Pues ya está. Decidido.

—Perdona, pero...

—No. Te vas.

—¿Cuándo?

—El mes que viene.

—¡¿Tan pronto?!

—Sí.

Antes de irme, tenía que preparar el viaje, pero tenía un problema: mi madre. Yo estudiaba en otra ciudad, y eso no le gustaba a mi madre. Pero ahora era aún más difícil, me tenía que ir a Francia. Realmente era muy interesante viajar, conocer gente, hablar otra lengua, vivir en otra cultura. Sí, sí, todo eso estaba muy bien pero ¿mi madre?,

¿lo podía entender? Los españoles somos muy familiares[8]. Los padres españoles quieren tener a los hijos cerca. Una semana de viaje está bien, un mes en el extranjero estudiando idiomas también está bien, pero un año completo lejos de casa, es una cosa seria.

España es un país moderno, pero la mentalidad[9] española no cambia fácilmente. La familia es el centro de todo y a nadie le gusta tener un hijo en el extranjero. "¿Qué tiene Francia de especial?", "¿No es España un buen país?", "¿No tenemos aquí de todo?", "¿Por qué vienen los extranjeros de vacaciones a España?". Estas son las típicas preguntas de los padres españoles, pero poco a poco cambia esta mentalidad.

En fin, tenía poco tiempo, el fin de semana siguiente iba a casa y podía ser un buen momento. En la comida, mi madre siempre estaba relajada, reía y hablaba mucho. Sí, la comida era un buen momento para hablar del tema:

—Mamá, tengo que contarte algo.

—¿Tienes novia?

—Mamá, ¡por favor!

—¿No has aprobado los exámenes?

—Mamá, ¿puedo hablar?

---
8. familiar: que le gusta mucho la familia.
9. mentalidad *f*.: modo de pensar.

—¿Y qué hacemos? Estamos hablando, ¿no?

—Me voy a París.

—¡¿Estás loco?!

—¿Ves? No puedo hablar contigo.

—Una cosa es hablar y otra bromear[10].

—No bromeo, mi profesor de fotografía me envía a París.

—¿Sin hablar conmigo?

—¡¿Qué dices, mamá?!

—Nada, hijo, es una broma. ¿Cuándo te vas?

—El mes que viene. ¿No te importa?

—Sí me importa, pero tú, hijo, me importas más.

Mi madre era genial[11]. No le gustaba, pero me quería y sabía que era bueno para mí. En fin, me iba a Francia. Ahora, billetes de avión, equipaje[12] y despedidas. ¡Uf! Las despedidas en España son un rollo[13]. Mis amigos prepararon una fiesta para despedirme.

Tenía que organizar el viaje. Reservé el billete, uno de ida y vuelta, era más barato. Compré el billete de vuelta para el 23 de diciembre, cuando acababa el curso y empezaban las vacaciones en España.

---

10. bromear: no hablar en serio.
11. genial: increíble, muy buena.
12. equipaje *m.*: maletas.
13. ser un rollo: ser complicado.

No conocía París y tenía que buscar un piso para vivir. Siempre es un rollo buscar casa en otra ciudad. Pensé en irme a un hotel los primeros días, pero eso siempre es caro y yo no tenía mucho dinero. En España, me dedicaba a hacer fotos en las bodas, bautizos y comuniones[14] de mis amigos y sus hijos para ganar dinero. Pero en Francia no tenía amigos, no conocía a nadie.

Decidí buscar un apartamento en *Google*.

Llamé a Carmen, mi gran amiga. Ella se pasa la vida en Internet. Ella seguro que me ayuda a encontrar el piso —pensé—. Le conté el problema y 10 minutos después ya estaba en mi casa.

Carmen y yo somos compañeros de la universidad. A ella le gusta el diseño gráfico y el diseño por ordenador. A mí me gusta el ordenador, pero ella es una auténtica experta en Internet.

—¿Has pensado dónde quieres vivir? —preguntó Carmen.

—Mira, quiero un apartamento en un buen barrio.

—Bien, no es difícil, ¿qué quieres?

—Bueno, ya sabes: algo pequeño, céntrico y no muy caro.

---

14. bodas, bautizos y comuniones: ceremonias religiosas que marcan la vida de una persona.

—Los apartamentos son muy caros en París. ¿Por qué no buscamos un estudio[15]?

—Vale.

Carmen cogió mi ordenador y comenzó a buscar. Carmen es la persona que más me ha ayudado en la universidad. Ella es fuerte y decidida, sabe muy bien lo que quiere. A veces me dice: Yago, concéntrate[16]. Yo me río, pero sé que tiene razón. Mi mente es muy imaginativa. Por eso, en esta y en otras historias tiene tanta importancia Carmen.

—¡Ya está! –gritó Carmen.

—¿Qué pasa? –dije yo, que ya estaba pensando en otra cosa.

—¡Ya lo he encontrado!

Encontró un estudio en el barrio de Le Marais, cerca del Centro Pompidou. Yo sabía que el Pompidou era un centro cultural de París. Está en una plaza en la que hay espectáculos todos los sábados por la tarde y los días de fiesta.

Mi madre me acompañó al aeropuerto. La despedida fue triste. Para los españoles es difícil despedirnos, la despedida siempre es muy larga. Mi madre piensa que todavía soy un niño y cuando se despide de mí, siempre dice lo mismo:

---

15. estudio *m.*: piso muy pequeño de una sola habitación.
16. concentrarse: no pensar en otras cosas, pensar en lo importante.

—Yago, ten cuidado.

—Sí, mamá.

—Hijo, come bien y abrígate. En París hace mucho frío.

—Sí, sí, mamá.

—Y llámame.

—¡Que sí! Mamá.

2

En París comenzó mi nueva vida, allí todo cambió. Cambié la fotografía artística por una fotografía más interesante, más urbana[17]. Así empecé a entender la sociedad. No, no estoy loco, la sociedad se puede entender a través de la fotografía. El ojo puede ver cosas que no ve cuando mira. Una tarde de sábado, cuando estaba haciendo fotos en la plaza del Pompidou, vi algo raro: un faquir[18] invitaba a un chico a meterse una espada en la boca como él lo hacía.

—¿Puedes hacerlo tú? —preguntó el faquir.

—¿Quién? ¿Yo? —contestó el chico.

—Sí, sí, tú

—No, gracias.

—¿Por qué no? Es muy fácil.

—No, no quiero.

El joven no quería, pero el faquir insistió. En ese

---
17. urbana: de la ciudad.
18. faquir *m.*: persona que se mete espadas o fuego por la boca.

momento dos ayudantes del faquir cogieron al joven y lo sujetaron[19] mientras el faquir le metía la espada por la boca. El público estaba más quieto que en una fotografía. La gente miraba el espectáculo sin moverse. Solo una chica estaba con la boca abierta y los ojos como platos[20]. Parecía increíble, pero no era mi imaginación.

Estaba agotado. No dormía bien últimamente, trabajaba mucho y comía poco porque todas las semanas tenía que enviar muchos trabajos a mi profesor. Así que pensé que debía volver a casa y dormir antes de ver las fotos del faquir de la plaza y entender la escena.

Me acosté para dormir la siesta en mi sofá. Era otoño y hacía buen tiempo todavía, pero me tapé[21] con una manta. Al levantarme miré de nuevo las fotos. Ahora sí —me dije—, la cosa está clara. Los hombres cogieron al chico, lo sujetaron y el faquir le metió la espada por la boca. ¿Cómo podía ser? En ese momento lo vi claro, todo era diferente, la espada entró en la boca del chico y este se cayó como un papel al suelo. Los ayudantes del faquir cogieron al chico mientras la gente aplaudía pensando que era parte del espectáculo. Nadie se movía. Se llevaron al chico y lo subieron a un carro. Se podían ver sus pies por detrás del carro, parecía un muñeco.

---

19. sujetar: coger con fuerza a una persona.
20. tener los ojos como platos: tener los ojos muy abiertos por la sorpresa.
21. taparse: poner ropa sobre el cuerpo para protegerse del frío.

No había nada raro, todo era normal, excepto para mí. ¿Quién era el chico? ¿Por qué lo cogían? ¿Adónde se lo llevaban? ¿Quién era la chica con la boca abierta? Tenía que aclarar el misterio[22]. Tenía que hacer algo, pero no quería llamar a la policía. Pensé que yo solo podía solucionar el problema. En ese momento no pensé en que no hablaba correctamente francés, que era extranjero y que debía hacer mis trabajos de la universidad. Nada me detuvo. Sólo pensé que tenía que solucionar ese misterio. Fue entonces cuando empezó mi verdadero trabajo: investigar para ayudar. Una nueva empresa con un solo miembro, bueno, con dos.

Así empezó nuestra empresa. Digo "nuestra" porque ahí comenzamos a trabajar juntos Carmen y yo. Bueno, con ayuda de algún amigo más.

Los domingos me gustaba comprar el periódico y pasear por el museo del Louvre. Me gustaba comer allí y leer el periódico después de dar una vuelta por algunas salas del museo. Fue en el Louvre, mientras leía el periódico, cuando me fijé[23] en una foto. Era la foto de un chico joven y delgado, de cabello oscuro, nariz recta y ojos claros. Era el chico que también estaba en mis fotos. El chico al que el faquir obligó a meterse la espada por la boca. Sí, era él.

---
22. misterio *m*.: algo difícil de comprender y de explicar.
23. fijarse: mirar con atención.

3

Comencé a leer la noticia: ¿quién era ese chico? ¿Qué pasaba con él? Era un chico de Madrid, de buena familia[24]. La noticia decía que estaba en París de viaje cuando desapareció. La policía no encontraba ninguna pista y la Interpol lo investigaba. La noticia contaba que su padre ofrecía dinero por cualquier información sobre su hijo.

La noticia me interesaba porque aquel suceso[25] estaba siempre en mi cabeza. Además, si contaba lo que sabía, podía ganar dinero. Leí la noticia, saqué mi bloc de notas y apunté la información más importante. No podía ser una casualidad, había una relación que yo, en ese momento, no entendía. Pero sabía que podía descubrirla[26].

Saqué mi móvil y me conecté a Internet para escribir a Carmen; ella podía informarme más y buscar más noticias en los periódicos españoles. Escribí un correo electrónico corto porque Carmen ya conocía la historia:

---

24. de buena familia: que pertenece a una familia de clase social alta.
25. suceso *m.*: hecho, cosa que pasa.
26. descubrir: llegar a saber algo que no se sabía.

Hola, Carmen:

¿Te acuerdas del chico que se metió la espada por la boca y desapareció? Bueno, hay una noticia en el periódico "El País", en la sección de "sociedad". ¿Puedes buscar más información?

Un beso,

Yago.

A los 10 minutos, Carmen me respondió que estaba buscando en Internet y que iba a contestarme pronto.

No podía estar quieto, como siempre. Me levanté y comencé a dar un paseo. Fui a la sala *Richelieu*. Cuando paseaba, algo llamó mi atención. Había un hombre y yo lo conocía. Aquella cara era conocida. Sí, claro, era el faquir. La verdad, no parecía un faquir, iba con traje, muy elegante. No podía ser la misma persona. ¿Estaba equivocado? Sin embargo, yo sabía que era la misma persona. Le seguí en silencio por varias salas hasta que se paró. Sacó un móvil del bolsillo y comenzó a hablar:

—Sí, sí, todo está solucionado.

—..........

—Todo ha salido según el plan.

—..........

—No, no, no se preocupe, el chico está bien.

Hablaba en español, un español con acento francés. Saqué mi cámara y le hice una foto discretamente. Mis piernas comenzaron a temblar[27]. No podía quedarme allí porque me podía ver. Decidí seguir andando por la sala. Él continuó la conversación pero yo no podía escucharla ahora. Cuando acabó, le seguí otra vez. No quería llamar su atención. En ese momento, un mensaje llegó a mi móvil, era de Carmen. Era un correo con la información que quería. Me puse a leerlo rápidamente. Cuando levanté la cabeza, el faquir ya no estaba. Saqué de nuevo mi cámara y miré la foto que tenía para verlo de nuevo.

No sabía qué hacer. Pensé buscar al faquir por todo el museo pero ya era tarde y tenía que irme. Tenía que leer la información del e-mail de Carmen. La historia estaba cambiando rápidamente.

Salí del museo. Anochecía[28] y se sentía el frío del otoño. Me fui a mi casa, preparé la cena y cené.

Empecé a leer el correo electrónico de Carmen. Eran artículos de diferentes periódicos, *El País, El Mundo, ABC*. Todos hablaban de la noticia. Pero, ¿y en los periódicos franceses? Abrí mi ordenador y comencé a navegar en Internet. Busqué los apellidos del chico: "García-Sanz de Montoro". Al final, encontré una pequeña nota en *Le monde* que decía:

"La policía española ha enviado una orden de búsqueda del joven A. García-Sanz de Montoro, desaparecido en Francia.

---

27. temblar: hacer movimientos pequeños y rápidos porque se tiene miedo o frío.
28. anochecer: hacerse de noche.

El chico es hijo de un ex diplomático español. Interpol no conoce el motivo de la desaparición."

La noticia no tenía mucha información. Las noticias españolas decían que Antonio García-Sanz de Montoro era un joven abogado que trabajaba para una empresa importante. Era hijo de un ex diplomático español jubilado y tenía una novia que no gustaba a la familia. Yo no entendía nada, la verdad.

Miré la hora y vi que no era tarde en España. En Francia, como en España, eran las 10 de la noche. En Francia nunca llamo a esta hora a casa de un amigo, pero en España es diferente. Me conecté a *Skype* y comprobé que Carmen también estaba conectada. Carmen vivía más en la red que en la realidad.

—Hola, guapa, ¿cómo estás?

—Bien, bien, ¿y tú? ¿Has visto eso?

—Sí, sí.

—¿Sabes, Yago? Hay algo raro. Parece un montaje[29].

—Sí, eso pienso yo. En las fotos, Antonio parece que no quiere meterse la espada en la boca, pero no lucha.

—Exactamente.

Hablamos sobre su desaparición. Pensábamos lo mismo: parecía un montaje, algo preparado para engañar[30]. Parecía un secuestro[31]. Había algo raro.

---

29. montaje: algo que no es verdad.
30. engañar: hacer creer una cosa que no es verdad.
31. secuestrar: retener a alguien contra su voluntad.

Carmen y yo pensamos que era mejor llamar por teléfono al ex diplomático, D. Pedro García-Sanz de Montoro, padre de Antonio García-Sanz de Montoro. Carmen estaba en España y podía llamar más fácilmente.

Después de llamar tres veces, Carmen al fin consiguió hablar con D. Pedro.

—Sí, diga.

—Buenos días. ¿D. Pedro García-Sanz?

—Sí, soy yo, ¿con quién hablo?

—Soy Carmen Murcia y llamo porque tenemos información sobre su hijo.

—¿Quiénes? ¿Saben ustedes algo de mi hijo?

—Mi amigo Yago Ayala y yo. ¿Podemos hablar con usted?

—¿Pueden venir a mi casa? Yo no puedo salir porque voy en silla de ruedas. Vivo en la Moraleja, avenida de Alicante, n° 46.

—Bien, tomo nota, nos vemos en su casa, D. Pedro. Hasta pronto.

—Hasta pronto, señorita.

D. Pedro era un hombre tranquilo, muy educado y muy inteligente. Carmen le dijo que éramos dos investigadores independientes, y que sabíamos algo sobre la desaparición de su hijo. Queríamos ayudarlo, pero también saber cuánto íbamos a cobrar[32] por ello.

---

32. cobrar: recibir dinero.

4

Carmen me llamó y me contó la conversación. Yo llegaba al día siguiente a Madrid, en vuelo directo. Quedó en recogerme a la salida de la T-4, la moderna terminal del aeropuerto de Barajas.

Fui en un vuelo de bajo coste[33] de la nueva compañía de Iberia. Carmen y yo éramos expertos en encontrar billetes de avión muy baratos. Esta vez tuve suerte, solo me costó 40 euros.

El reencuentro[34] fue emocionante. Éramos solo amigos, pero teníamos una relación muy especial. Cuando aparecí por la puerta del aeropuerto, Carmen corrió hacia mí. Echó sus brazos sobre mi cuello y me besó en la cara. Me soltó, me miró y me dijo:

—Estás más delgado y más pálido, Yago.

—Sí, un poco.

—¿No comes? ¿Qué haces...?

—Bueno, ya sabes, la vida del estudiante Erasmus...

---
33. de bajo coste: muy barato.
34. reencontrarse: volver a encontrarse.

—Ja, ja, ja. Ya, mucha fiesta, poco dormir y poco estudiar...

—No, no, mujer, no es eso. Echo de menos las comidas de mi madre.

—¡Ah! Es eso...

—Sí, sí.

Nos volvimos a abrazar y reímos. Carmen era la misma chica alegre, de cabello moreno, con un negro intenso, y algo rizado. Tenía los ojos oscuros y la mirada profunda. Esa mirada me ponía nervioso porque parecía que adivinaba mis pensamientos. Yo era muy reservado y no me gustaba hablar de mí. Pero ella adivinaba siempre lo que pensaba.

Carmen tenía el coche en el parking de la T-4. De camino al coche preparamos los últimos detalles del encuentro con D. Pedro. Nos montamos en el coche y salimos haciendo ruido por la velocidad. En ese momento, me asusté un poco por su forma de conducir; ella se dio cuenta y sonrió. En las películas de policías, las ruedas de los coches siempre hacen ruido –dijo.

Durante el viaje hacia la Morajela, le pregunté a Carmen por mi madre. También hablamos de los amigos de la universidad y de los profesores, de los estudios y de los proyectos que teníamos para después de terminar, en fin, ambos nos pusimos al día[35] de todas las cosas.

---

35. ponerse al día: informarse de todo.

Carmen conducía por la E-5, la autovía del Norte, dirección a la Morajela. La Moraleja es una zona residencial cercana a Madrid donde vive gente famosa y con dinero. Carmen llevaba el GPS de su padre para poder encontrar con facilidad la calle y el número de la casa.

Llegamos sin problemas. La casa no era muy grande, tenía una valla[36] no muy alta y una puerta sencilla. Nos bajamos del coche. Carmen cerró el coche, respiró hondo[37] y me dijo: ¿vamos? Yo fui a la puerta, toqué el timbre y, rápidamente, una voz amable dijo:

—¿Quién es?

—Nosotros —contesté—.

—¿Pueden decir quiénes son, por favor?

—Carmen Murcia y Yago Ayala —contestó Carmen—.

—Ah, sí, los esperaba, pasen.

pero elegante. Tenía las manos finas. Su sonrisa era agradable, pero un poco fría. No era un hombre cercano, pero era amable.

Nos hizo pasar a una salita y nos invitó a sentarnos. En la mesita tenía preparado café, té y unas pastitas[38].

—Bueno, ¿qué quieren?

---
36. valla *f.*: estructura que cierra una propiedad.
37. respirar hondo: respirar profundamente.
38. pastitas: galletas pequeñas que se sirven con el té.

—Bien, estamos aquí por la desaparición de su hijo —dije.

—Sí, es un triste suceso.

A Carmen le pareció raro el tono de su contestación. No tenía emoción, parecía que hablaba de otra persona, no de su hijo. Parecía que no sentía nada.

—¿Hace mucho que no ve a su hijo Antonio? —preguntó Carmen.

—La verdad, no lo sé con seguridad.

—¿No lo sabe usted?

—No, señorita. Su madre murió hace ocho años y desde ese momento no nos hemos visto mucho.

—¿De qué murió su madre? —pregunté.

—La atropelló[39] un coche.

—¿Detuvieron al conductor? —preguntó Carmen.

—No, se escapó.

Todo era muy raro: el hijo desaparecido, la madre muerta. Años sin hablarse. Carmen comenzó a pensar que D. Pedro no decía todo lo que sabía. Él podía saber algo de la desaparición de su hijo.

---

39. atropellar pasar un coche por encima de una persona.

Yo pregunté cosas sobre la familia a D. Pedro:

—¿Cuántos hijos tiene?

—Dos: Antonio y su hermana, Lola. Ella está en los EE.UU.

—¿Sabe ella que su hermano ha desaparecido?

—No, todavía no le he dicho nada.

—¿Por qué? Es su hermana.

—Sí, pero después de recibir la herencia de su madre, se fue a los EE.UU. y solo hablo con ella una o dos veces al año.

Carmen escuchó con atención cuando oyó hablar de la herencia. Esa podía ser la clave para entender la desaparición de Antonio.

—Perdone, D. Pedro, ¿su hijo no recibió la herencia? —le pregunté.

—No, no, él era menor de edad y yo era su tutor[40].

—Entonces, ¿usted decidía sobre la herencia de su hijo?

—Bueno, sí, hasta que lo perdimos todo.

—¿Cómo fue eso? —pregunté.

—Una mala operación de bolsa[41] y perdí todo el dinero.

---

40. tutor *m.*: persona responsable legalmente de un menor de edad.
41. bolsa *f.*: institución donde se compran y venden acciones de una empresa.

Yo no entendía la situación. Era todo muy extraño. Este hombre no hablaba con sus hijos, ya no tenía dinero y no sabía dónde estaba su hijo. Antes había perdido a su mujer. Todo era muy raro. Carmen y yo nos miramos y comenzamos a pensar que algo no iba bien.

En ese momento, Carmen cambió de tema y preguntó por la novia de su hijo:

—D. Pedro, ¿su hijo tenía novia?

—Sí, creo que salía con alguien.

La cara de D. Pedro cambió y Carmen y yo vimos que no le gustaba el tema, pero Carmen continuó.

—¿Usted la conocía?

—Ya le he dicho que no hablaba con mi hijo.

—Entonces ¿cómo sabe que tenía novia? —pregunté.

—En una ocasión nos encontramos mi hijo y yo en Madrid y me la presentó.

—Y ¿qué piensa de ella? —preguntó Carmen.

D. Pedro estaba incómodo y Carmen y yo lo veíamos. Él no quería hablar de la novia de su hijo. Pensábamos que había algo raro en ese tema. La novia de Antonio podía tener información sobre su hijo, pero D. Pedro no quería saber nada de ella.

—No me gustaba para mi hijo —contestó D. Pedro.

—¿No? —preguntó Carmen— ¿Por qué?

—Mi hijo es hijo de un diplomático, ella es una chica de clase media[42].

Carmen estaba enfadada. D. Pedro era un hombre elegante pero poco sensible: le parecía más importante la clase social que la persona. En aquel momento, Carmen se puso nerviosa y me hizo un gesto. Era el momento de irnos.

—Bueno, D. Pedro, nos tenemos que ir, —dije.

—¡Ya! Pero hemos hablado muy poco.

—Es cierto, —contestó Carmen—, nos tenemos que ir, pero podemos volver otro día.

—De acuerdo, joven, —dijo D. Pedro.

Su cara volvió a ser la misma, tranquila y serena. Carmen y yo nos levantamos. D. Pedro se levantó también del sillón y fue hacia la puerta de la salita. Le seguimos. Abrió la puerta, se despidió de nosotros y me dijo:

—Joven, espero volver a verlo.

—Sí, claro, volvemos otro día para informarle —dije—.

—Y os recuerdo también que hay una recompensa —añadió D. Pedro.

---

42. clase media *f.*: clase social ni rica ni pobre.

5

Carmen abrió el coche, se subió, bajó las ventanillas y respiró hondo. Estaba muy nerviosa y enfadada. Estaba nerviosa porque no le gustaba el tema y estaba enfadada porque aquel hombre era insensible. La verdad es que no entendía nada. Mis padres me han educado para un mundo que no existe –pensó–. Todo es poder, orgullo y dinero. Los sentimientos no importan.

Yo sabía que era mejor no moverme y no hablar. Carmen tenía mucho carácter y necesitaba expresar sus sentimientos. Así estuvimos unos minutos. Por fin, Carmen me miró y me dijo: ¿qué hacemos, Yago? Yo le sonreí y le cogí la mano. Ella sonrió.

—Carmen, esto se complica.

—No, solamente creo que este hombre tiene un secreto.

—¿Estás segura?

—Sí, tiene un comportamiento[43] muy raro.

---

43. comportamiento *m*.: actitud.

—¿Puede ser peligroso?

—Pienso que solo es un asunto de familia.

Carmen tenía una habitación de hotel reservada al lado del aeropuerto porque pensó que podíamos estar en Madrid más de un día. Llegamos al hotel al mediodía. Carmen aparcó en la puerta, en la zona reservada para clientes. Cogimos nuestras maletas y entramos. Nos dirigimos a la recepción y Carmen presentó la reserva:

—Buenas tardes —dijo el recepcionista.

—Buenos días —contestó Carmen con una sonrisa— Es que todavía no he comido.

—Pronto podrá comer usted. ¿Me permite su reserva?

—Sí, claro.

—Habitación doble con desayuno, ¿verdad?

—Sí, por favor.

—¿Con dos camas o una cama de matrimonio?

—¡Con dos camas! —contestamos ambos.

Carmen y yo nos miramos y reímos. Éramos amigos, no una pareja. Cogimos la llave y fuimos hacia el ascensor:

—¿Qué habitación es? —pregunté.

—La 805.

Salimos del ascensor y giramos por el pasillo de la derecha para ir a la habitación. La habitación era grande. A la izquierda, en la entrada, estaba el cuarto de baño; era grande, con bañera y bien iluminado. La habitación tenía dos camas. Entre las dos camas había una mesita de noche con un teléfono y el mando[44] de la tele. Yo me eché en la cama, estaba muy cansado. Encendí la tele. Carmen salió al balcón. Era un espectáculo ver los aviones.

—Carmen.

—Sí, sí, perdona. Vamos a trabajar un poco.

En la página de *Facebook* de Antonio García-Sanz, Carmen encontró el contacto de un amigo suyo y lo llamó para quedar con él y ver si nos daba más información.

—¿A qué hora has quedado?

—A las 6 de la tarde en la puerta del museo Reina Sofía.

—A esa hora hay mucha gente, ¿cómo lo vamos a reconocer?

—Nos esperará junto al ascensor izquierdo.

—Pero siempre hay mucha gente allí.

—Ja, ja, no te preocupes, tengo su teléfono.

---

44. mando *m.*: instrumento para encender y apagar el televisor a distancia.

6

El museo Reina Sofía es un museo de Arte Moderno que tiene obras de importantes pintores españoles. El *Guernica* es la obra más importante. La plaza del museo siempre está llena de gente porque hay muchas cafeterías y restaurantes.

Carmen y yo llegamos antes de la hora porque yo quería entrar al museo. Me encantaba ver el *Guernica*. No podía hacer fotos allí pero me encantaba recordar los rostros de los visitantes viendo el cuadro. Había muchos extranjeros. A los españoles no les gusta la historia reciente de España. Me gusta también la arquitectura del edificio. Es como el museo Pompidou, pero en España. En la entrada pasamos el control de seguridad y nos fuimos a las taquillas[45]. Carmen y yo enseñamos nuestros carnés de estudiantes universitarios y entramos gratis. Salimos al patio, giramos a la derecha hasta el final, después a la izquierda todo recto y subimos por las escaleras hasta el primer piso. Allí

---

45. taquilla *f.*: lugar donde se compran las entradas.

entramos a la gran sala donde se encuentra el cuadro. Había mucha gente pero estaba en completo silencio. La gente miraba el cuadro con respeto.

El tiempo pasó muy rápido; solo faltaban diez minutos para las seis. Bajamos al patio y salimos a la plaza. Fuimos al ascensor que estaba a la derecha de la salida, el ascensor de la izquierda de la fachada.

Ya eran las seis de la tarde y no había nadie esperando. Carmen se puso un poco nerviosa pero la tranquilicé[46]. A las seis y cinco apareció un chico. Era moreno, tenía la piel clara y una mirada directa y no era muy alto. Cuando nos vio, sonrió y dijo:

—¿Sois Carmen y Yago?

—Sí.

—Yo soy Juan, el amigo de Antonio.

—Hola, ¿qué tal? —dije.

—Bien, gracias, ¿y vosotros?

—Bien, gracias.

—¿Te apetece tomar algo? —preguntó Carmen.

—Sí, claro, podemos ir a una terraza.

Los tres fuimos a una de las terrazas que están en la

---

46. tranquilizar: calmar.

plaza. Era final de noviembre, pero todavía no hacía frío en Madrid. Nos sentamos y llamamos al camarero:

—¿Qué van a tomar?

—Yo quiero una coca-cola —respondió Carmen.

—Yo, un café —dijo Juan.

—Yo quiero un té.

—Bien, ¿algo más?

—No, gracias —contesté.

El camarero se fue y nosotros empezamos a hablar de Antonio. Hacía más de un mes que Juan no lo veía. La última vez que habló con él estaba preparando el viaje a París. En principio, iba con su novia, pero tampoco sabía nada de ella. Juan intentó hablar con ella pero no cogía el móvil.

—¿Has vuelto a llamarla? —preguntó Carmen.

—Sí, a diferentes horas, pero no contesta; sin embargo el móvil está conectado y tiene cobertura[47].

—Y de Antonio, ¿sabes algo?

—No, la verdad es que desde hace un mes no llama, ni escribe en *Facebook*.

Antonio era una persona muy activa, siempre hablaba con los amigos, escribía en *twitter*, escribía en el muro de

---

47. cobertura *f.*: red móvil.

Facebook. ¿Dónde está? ¿Qué hace ahora? –se preguntaba Juan. A Antonio le gustaba mucho la tecnología. Pero ahora no escribía y nadie sabía nada de él.

El camarero volvió enseguida y nos puso la coca-cola, el café y el té.

—Pues son 8 euros –añadió.

—Tome –dije.

—No, por favor, pago yo.

Juan pagó y seguimos hablando. Yo llevaba copia de mis fotos de París en mi *iPad* y se las enseñé a Juan. Él las miraba con cara de sorpresa, no entendía nada. Antonio no era el mismo. Juan decía que Antonio era una persona fuerte y enérgica[48] y que en esas fotos estaba sin fuerza. Los tres miramos las fotos con atención. Juan tenía razón, Antonio parecía dormido cuando lo cogieron los dos forzudos. Amplié[49] la foto con los dedos en el *iPad* para verla mejor:

—¡Cómo no lo vi! –dije.

—¿De qué hablas? –preguntó Carmen.

—Mirad esto.

—¿Qué? –contestaron Carmen y Juan.

Vi que uno de los forzudos pinchaba el brazo de Antonio con una jeringuilla[50]. Yo no lo había visto, pero era un

---

48. enérgica: con mucha energía.
49. ampliar: hacer más grande.
50. jeringuilla *f*.: instrumento para poner una inyección.

detalle importante. Quizá era la clave para entenderlo todo. ¿Era todo un montaje?

Ya era tarde, era la hora de cenar. Nos despedimos de Juan. Casi no nos dio información, pero entendimos algunas cosas. Después de la muerte de su madre, Antonio se alejó de su padre y pasaba todo el tiempo fuera de casa. D. Pedro le dijo a Antonio que no iba a heredar[51] nada porque no hacía lo que él quería. Pero Antonio creyó que no iba a hacerlo porque no podía. Dos años después, D. Pedro le dijo que no tenían dinero, que todo lo había perdido en la bolsa. Desde ese momento, Antonio no volvió a hablar con su padre. Vivía en su casa pero no hablaba con él. Entonces, conoció a Clara, su novia, y se fue a vivir con ella.

Carmen y yo hablamos en el camino de vuelta al hotel. D. Pedro no quería a Clara y tampoco una boda entre ella y su hijo. Mientras Carmen conducía, yo recordé un detalle: D. Pedro fue cónsul de España en París y después fue embajador en otro país. Yo conocía muy bien ese consulado porque me inscribí en él cuando llegué a Paris.

D. Pedro conocía muy bien París y, por tanto, conocía gente en París que podía secuestrar a su hijo. Entonces pensé que había que volver a casa de D. Pedro.

---

51. heredar: recibir algo de alguien después de su muerte.

Llegamos al hotel, aparcamos el coche y subimos a la habitación. Carmen puso su ropa en el armario y vio la tele mientras yo me duchaba. Después bajamos a cenar y fuimos a una pizzería. A mí me encantaba la pizza con queso, a Carmen le gustaban más las ensaladas y la lasaña de verduras.

Cenamos en silencio. Después de un día tan duro, necesitábamos estar en silencio. El camarero trajo rápidamente la cena. No había mucha gente en el restaurante. Cenamos despacio. En el postre ya hablamos algo, y nos reímos mucho. Pensábamos que la aventura era más emocionante que al principio, pero también más peligrosa.

—Estamos en un lío[52], —dije.

—Bueno, hemos estado en peores situaciones en la universidad.

—Sí, sí, pero esto es diferente.

—Sí, Yago, pero todo tiene solución.

—De eso estoy seguro.

Le pedimos la cuenta al camarero, pagamos y salimos. No queríamos subir todavía a la habitación. Estábamos cansados pero no teníamos sueño. Nos sentamos en una

---

52. lío *m*.: situación difícil de solucionar.

terraza y pedimos un refresco. Ya estábamos mejor. El tiempo era nuestro enemigo. Teníamos que darnos prisa[53] y solucionar el problema. Poco después, subimos a la habitación y nos acostamos. Al día siguiente teníamos otra reunión con D. Pedro.

---

53. darse prisa: hacer las cosas rápidamente.

7

Me levanté muy temprano. No dormí mucho, estaba nervioso. Soñé toda la noche con la imagen de la foto. ¿Cómo no vi la jeringuilla? —me preguntaba. Sí, sí, era pequeña, no se veía bien, solo ampliando la foto. Era un detalle importante —me repetía. Con este detalle la policía no puede decir que yo lo he inventado.

En realidad, mi vida ha cambiado por ver un detalle que me ha abierto los ojos. Ya no soy el estudiante que era hace unos meses. A partir de esta historia mi carrera cambió, y también la de Carmen.

Por la mañana fuimos a casa de D. Pedro. Esta vez fue menos amable. Pasamos a la misma salita. Nos dijo que podíamos sentarnos y nada más.

—Queremos saber algunas cosas más —dijo Carmen.

—Ya se lo he dicho todo.

—Sí, sí —contesté—, pero tenemos algunas dudas.

—Miren, la información del otro día es importante y se han ganado parte de la recompensa por ella. Pero no quiero hablar más con ustedes —dijo D. Pedro.

Aquella respuesta sorprendió a Carmen; sabía que había algo raro. Además, D. Pedro nos dijo que ya había hablado con la policía y que no podía hablar más con nosotros porque tenía trabajo.

Se despidió de nosotros en la puerta principal de la casa y abrió desde allí la puerta exterior. Carmen y yo salimos. Algo pasaba y sentíamos el peligro. Carmen abrió el coche y nos montamos. Arrancó y salimos rápidamente. En la carretera vio un coche negro que iba detrás de nosotros y que no adelantaba[54].

—Yago, nos siguen.

—¿Quiénes?

—No sé, pero nos siguen.

—Dices tonterías.

—¡No son tonterías! —gritó Carmen.

Al ver la reacción de Carmen tuve miedo. Carmen, sin pensarlo, aceleró[55], pasó el límite de velocidad y adelantó varios coches. El coche negro nos seguía, pero ya de lejos. De nuevo, Carmen adelantó un camión. Venía otro coche de frente; pasó al camión y consiguió acelerar. No había coches delante y, por fin, dejamos de ver el coche negro. Carmen y yo decidimos ir al hotel y pensar allí tranquilamente.

---
54. adelantar: pasar por delante.
55. acelerar: ir más rápido.

—Tenemos que ir a la policía —dije.

—Sí, es lo mejor.

—Pero ¿qué les contamos?

—La verdad.

—Pero no tenemos nada.

—Sí, tenemos las fotos y esta grabación[56].

—¿Has grabado la conversación?

—Sí, las dos; la conversación con D. Pedro y la conversación con Juan López.

—¡Muak[57]! Por eso te quiero, Carmen.

—Ja, ja, ¡qué tonto eres!

—Cogí el teléfono y llamé a la policía.

—Policía Nacional, ¿dígame?

—Mire, llamo para informar de un secuestro —dije—.

—¿Desde dónde llama?

—Estoy en un hotel en Barajas.

—Para informar de un secuestro tiene que venir a la comisaría[58].

—Bien, ¿dónde está la más próxima?

—¿En qué hotel está usted?

—En el hotel Segura.

---

56. grabación f.: documento de sonido.
57. muak: sonido de un beso.
58. comisaría f.: oficina de policía.

—Entonces, le envío una patrulla[59].

A los cinco minutos llamaron a nuestra habitación. Era el recepcionista.

—¿Sr. Ayala?

—Sí, soy yo.

—Dos policías os esperan en recepción.

—Ah, ya bajamos. En cinco minutos estamos ahí.

Carmen y yo nos arreglamos un poco antes de bajar. Ambos estábamos muy nerviosos; nosotros no éramos investigadores profesionales y aquello era totalmente nuevo para nosotros. Carmen cogió la grabadora que llevaba en el bolso y se la metió en el bolsillo del pantalón. Era una grabadora digital, más pequeña que un móvil.

—Yago, ¿estás ya?

—Sí, sí, ya voy Carmen.

—Vamos, no me gusta llegar tarde.

—Ya lo sé, Carmen.

Salimos de la habitación. Cerré la puerta de la habitación de un portazo[60] y fuimos hacia el ascensor. Carmen llamó al ascensor, entramos y bajamos a la recepción.

---
59. patrulla *f.*: pequeño grupo de policía. Normalmente dos personas.
60. portazo *m*: golpe fuerte que se da para cerrar la puerta.

8

Al salir del ascensor, vi a dos policías jóvenes con uniforme negro. El recepcionista les hizo un gesto. Un policía vino hacia nosotros y nos saludó.

— D. Santiago Ayala, supongo —dijo el policía.

— Sí, soy yo y esta es Carmen Murcia, una amiga.

Carmen me miró y sonrió. Alguien me llamaba Santiago y ella sabía que no me gustaba.

— Buenos días, señora.

— Buenos días —contestó Carmen.

— Estamos aquí porque ustedes nos han llamado, —dijo el policía.

— Sí —respondí—, hemos visto cómo han secuestrado a una persona. Bueno, creemos que es un secuestro.

— Bien, cuénteme la historia.

Durante una hora, Carmen y yo informamos a los dos policías, que estaban muy serios mientras tomaban notas y hacían preguntas. Al final, el policía que preguntaba nos pidió las fotos y la grabación que teníamos. Nos miramos y Carmen dijo muy rápidamente:

—Aquí está la grabadora.

—Muy bien —dijo el policía—, faltan las fotos.

—Las tengo en el *iPad*, ¿puedo enviarlas por e-mail? —pregunté.

—Tenemos un portátil en el coche —respondió el policía. Las vamos a copiar ahora mismo.

—Perfecto —dije.

La policía cogió la grabadora y copió el archivo de la grabación en su ordenador. Carmen y yo pensamos que todo acababa allí. Pero el policía dijo que teníamos que esperar en el hotel para hablar con el comisario. Nos quedamos en el hotel todo el día. A las ocho de la tarde sonó de nuevo el teléfono de la habitación:

—¿Sr. Ayala?

—Sí, soy yo.

—Soy el comisario García y quiero hablar con usted.

—Muy bien señor, ¿cuándo?

—Ahora mismo. Estoy en la recepción del hotel. ¿Pueden bajar usted y su amiga?

—Sí, sí —contesté un poco nervioso.

Carmen y yo bajamos a recepción rápidamente. El comisario era un hombre de unos 45 años. Tenía el pelo corto y algunas canas, barba muy corta y también con canas. Llevaba vaqueros con americana, camisa y corbata con el nudo[61] flojo y unos zapatos informales. Al lado derecho de la chaqueta, hacia atrás, se le veía la pistola[62]. Al vernos, el comisario sonrió y nos dio la mano. Después, los tres nos sentamos en un sofá que había en la entrada del hotel. El comisario García nos contó el final de la historia.

D. Pedro era realmente una mala persona. En un momento de su vida, su mujer se peleó con él. Todo el dinero era de su mujer y sin ella D. Pedro no podía vivir como le gustaba. Entonces preparó la muerte de su mujer.

—Y, ¿quién lo hizo? —preguntó Carmen, impaciente—.

—Tranquila, Carmen, te lo cuento todo.

Cuando mató a su mujer —nos contó el comisario—, D. Pedro controló la herencia de sus hijos, pero muy pronto su hija, Lola, cumplió los 18 años y pidió su parte. D. Pedro se negó pero tuvo que dársela. Su hija, una excelente estudiante, se fue a EE.UU. a vivir y a continuar sus estudios. Entonces, D. Pedro se quedó con su hijo, Antonio, para controlar lo que quedaba de la herencia. Pero un día, Antonio le

---

61. nudo *m.*: lazo que se hace en la corbata a la altura del cuello.
62. pistola *f.*: arma de fuego.

pidió también su parte y entonces se inventó que lo había perdido todo en la bolsa.

El hijo, Antonio, vivió con su padre un tiempo, pero al final conoció a una chica, Clara, y se fue a vivir con ella. D. Pedro necesitaba la firma de Antonio para poder sacar dinero del banco. Fue entonces cuando pensó en secuestrarlo mientras estaba de viaje en París.

Don Pedro sabía que su hijo iba a ir a París de viaje porque fue a casa a buscar las llaves de la casa que sus padres tenían en París para quedarse allí con su novia y no tener que ir a un hotel. D. Pedro le dijo que no podía darle las llaves porque tenía la casa alquilada. Pero no era cierto. Entonces, D. Pedro llamó a un antiguo colega suyo que hacía trabajos sucios cuando él estaba en la embajada y le propuso un plan: secuestrar a su hijo y esconderlo en el piso que D. Pedro tenía en París. El colega de D. Pedro se transformó en faquir e inventó el número de la espada para llamar la atención de Antonio. A Antonio siempre le gustaba ver ese número de circo y su padre lo sabía; por eso fue tan fácil llamar su atención.

—Pero la gente, ¿por qué no hizo nada? –le pregunté–.

—La gente normalmente va pensando en sus cosas y no se fija en nada. Secuestrarlo fue fácil también. La gente es muy inocente y creyó que todo era un espectáculo. Solo la novia sabía que no, pero no dijo nada, porque estaba muy asustada en ese momento.

El comisario me dijo que cuando vi al faquir, Pierre Lamort, en el Louvre, este estaba hablando con D. Pedro. La novia de Antonio volvió a España y se fue a casa de Juan. Juan tenía miedo y habló con la policía. La verdad es que —nos dijo el comisario— la policía ya sabía que Antonio no estaba bien. Sabía que algo raro pasaba. Por eso Juan fue a la cita con vosotros, y por eso también Carmen vio que alguien seguía su coche: era la policía.

Ahora entendíamos la actitud de la policía. La policía sabía más que nosotros. Yo siempre pensé que la policía sabía algo más, que su actitud no era normal. Lo normal era encontrarnos con la policía en comisaría, no en el hotel. Lo normal era llevarse el *iPad*, no tener un ordenador preparado para grabar las fotos y los archivos de la grabadora. En fin, comencé a entender muchas cosas en ese momento.

El comisario García continuó contándonos todos los detalles de la operación del secuestro y la liberación[63] de Antonio en París con ayuda de la Interpol, y de la detención del faquir.

—Y Antonio, ¿dónde está ahora? –pregunté.

—La Interpol lo ha liberado –contestó el comisario.

---

63. liberar: dejar libre a una persona.

—¿Y está bien? —seguí preguntando.

—Sí, sí, muy bien. Está de camino a España.

—¿Viene hacia aquí ya? —preguntó Carmen.

—Sí, el avión llega en veinte minutos.

—¿Y su novia?

—También está bien. Espera a Antonio en el aeropuerto.

—D. Pedro está ahora en la comisaría —nos explicó el comisario— y la policía ha detenido también al faquir. Está acusado[64] de la muerte de la mujer de D. Pedro.

El comisario García nos dio las gracias y nos hizo una propuesta[65]:

—¿Por qué no trabajan como investigadores privados?

—Lo estamos pensando, la verdad —contesté.

Carmen y yo nos miramos y pensamos que la propuesta del comisario era interesante. Los tres nos levantamos y fuimos a recoger[66] a Antonio al aeropuerto.

A la salida del hotel, Carmen y yo nos abrazamos. Ambos estábamos muy felices con el final de la historia y con la idea del comisario: ser investigadores privados...

---

64. acusar: decir que alguien es culpable.
65. propuesta *f.*: idea
66. recoger: ir a buscar.

Actividades
Preparación a la lectura

1. Mira las ilustraciones. ¿Qué crees que pasa en la historia?

2. Une cada actividad con su oficio:

　　Fotógrafo　　　　mantener el orden público y la seguridad de los ciudadanos
　　Policía　　　　　dar clase
　　Diplomático　　 tomar fotografías
　　Profesor　　　　representar a su país en las relaciones internacionales.

Actividades
Sobre la lectura

3. Ordena las siguientes frases:
   (a) En Madrid le espera su amiga Carmen
   (b) Un chico desaparece y lo investiga
   (c) Carmen sospecha del padre y quiere entrevistarse con un amigo del chico
   (d) Llaman a la policía
   (e) Por el camino, los persigue un coche y ellos se asustan.
   (f) El padre no les da mucha información
   (g) Van a La Moraleja a entrevistarse con el padre del chico
   (h) Carmen y Yago pueden ser investigadores
   (i) Vuelve a España para saber más cosas
   (j) El secuestrador es el padre
   (k) En París pasa algo raro y lo ve en sus fotos.
   (l) Yago es un alumno de Bellas Artes que va a París a estudiar.

1 ☐	7 ☐
2 ☐	8 ☐
3 ☐	9 ☐
4 ☐	10 ☐
5 ☐	11 ☐
6 ☐	12 ☐

4. Da un título a cada capítulo.

5. Inventa otro título para la novela.

6. Resume brevemente las ideas principales de cada capítulo.

7. Ahora que ya conoces a los personajes, lee de nuevo con atención la descripción de cada uno de ellos. El personaje de Clara no se describe. ¿Cómo la imaginas tú?

Actividades
Sobre la lectura

8. ¿Cómo es Yago? Elige los adjetivos correctos.
   - ❏ Bajo
   - ❏ Alto
   - ❏ Gordo
   - ❏ Delgado
   - ❏ Feo
   - ❏ Guapo
   - ❏ Normal (ni feo ni guapo)

9. ¿Qué le gusta a Yago?
   - ❏ Escribir
   - ❏ Pintar
   - ❏ Fotografiar
   - ❏ Investigar
   - ❏ Estudiar
   - ❏ Pensar
   - ❏ Observar

10. Yago toma fotografías en el museo Pompidou. Cuando investiga el caso las observa atentamente. ¿Qué descubre en ellas?

11. Yago encuentra una nota curiosa en la prensa francesa, ¿De qué se trata?

12. Di si las frases siguientes son verdaderas (V) o falsas (F)

Oración	V	F
Carmen va con Yago a París.		
Don Pedro quiere mucho a su hijo.		
Yago investiga el secuestro de Antonio.		
Yago trabaja en este caso sin ayuda de Carmen.		
El comisario les propone a Carmen y a Yago ser investigadores privados.		

Actividades
Sobre la lectura

13. ¿Cómo se siente Yago después de una carrera?
    - ❏ Libre.
    - ❏ Cansado.
    - ❏ Aburrido.

14. ¿Por qué Yago no quería ir a Paris al principio?
    - ❏ Porque ya tenía amigos en su ciudad, ganaba dinero y era muy feliz.
    - ❏ Porque tenía miedo a los aviones.
    - ❏ Porque no le gustaban los franceses.

15. Antes de conocer la noticia del viaje a París, la madre de Yago cree que su hijo va a contarle que...
    - ❏ está muy enfermo.
    - ❏ tiene novia.
    - ❏ no ha aprobado todas las asignaturas.

16. Cuando llega a París, Yago cambia la fotografía artística por algo más interesante, ¿de qué se trata?
    - ❏ La fotografía urbana.
    - ❏ La jardinería.
    - ❏ La danza clásica.

17. Cuando Yago vivía en París, los domingos le gustaba
    - ❏ Ver los partidos de fútbol.
    - ❏ Montar en bicicleta.
    - ❏ Comprar el periódico y pasear por el museo del Louvre.

Actividades
Para después de la lectura

18. Aunque en París y en Madrid es la misma hora, los horarios y costumbres son diferentes. ¿A qué hora se come en Francia? ¿Y en España? ¿Y en tu país?

19. ¿Qué museos aparecen en la novela? ¿Cuál está en España? En la novela se habla de un famoso cuadro español, ¿recuerdas cuál es? ¿Quién lo pintó?

20. ¿Recuerdas cómo se llama el aeropuerto de Madrid? ¿Y la principal compañía de aerolíneas españolas?

21. ¿En qué museo se encuentran Yago y Carmen con Juan?

22. Existen varias formas de tratar a alguien según el grado de formalidad. ¿Yago trata de TÚ a su profesor? ¿Haces lo mismo en tu país? ¿En qué casos utilizas USTED? y ¿TÚ?

Soluciones

PREPARACIÓN A LA LECTURA

1 Respuesta abierta

2 Fotógrafo → tomar fotografías
   Policía → mantener el orden público
   Diplomático → representar a su país en las relaciones internacionales
   Profesor → dar clase

SOBRE LA LECTURA

3 1-l; 2-k; 3-c; 4-i; 5-a; 6-g; 7-f; 8-h; 9-e; 10-d; 11-j; 12-c.

4 Respuesta abierta

5 Respuesta abierta

6 Respuesta abierta

7 Respuesta abierta

8 Alto
   Delgado
   Normal (ni feo ni guapo)

9 Escribir
   Fotografiar
   Investigar

10 Descubre algo raro en la escena. Un faquir invita a un chico a tragarse una espada. El chico se desmaya. En la fotografía se ve cómo alguien le clava una inyección.

11 Sí, una pequeña nota en *Le Monde*.

12

	V	F
Carmen va con Yago a París		X
D. Pedro quiere mucho a su hijo.		X
Yago investiga el secuestro de Antonio.	X	
Yago trabaja en este caso sin ayuda de Carmen.		X
El comisario les propone a Carmen y a Yago ser investigadores privados.	X	

13 Libre.

14 Porque tenía amigos, ganaba dinero y era muy feliz.

15 Que tiene novia.

16 La fotografía urbana.

17 Comprar el periódico y pasear por el museo del Louvre.

PARA DESPUÉS DE LA LECTURA

18 En Francia se come entre las 12 y las 13h. En España se come más tarde, entre las 14 y las 15h.

19 El museo Pompidou está en París t el museo Reina Sofía está en Madrid. Se habla del Guernica de Pablo Picasso.

20 Madrid-Barajas. Iberia.

21 En el museo Reina Sofía.

22 Respuesta abierta